让孩子 赢在规划

朝歌 编著

北方妇女儿童出版社
·长春·

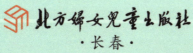

图书在版编目（CIP）数据

让孩子赢在规划 / 朝歌编著. -- 长春 : 北方妇女

儿童出版社, 2025. 2. -- ISBN 978-7-5585-9225-6

Ⅰ. G632.46

中国国家版本馆CIP数据核字第2025TZ7660号

让孩子赢在规划
RANG HAIZI YING ZAI GUIHUA

出　版　人	师晓晖
责任编辑	姜晓坤
装帧设计	韩海静
开　　　本	710mm×1000mm　1/16
印　　　张	8
字　　　数	160千字
版　　　次	2025年2月第1版
印　　　次	2025年2月第1次印刷
印　　　刷	三河市南阳印刷有限公司
出　　　版	北方妇女儿童出版社
发　　　行	北方妇女儿童出版社
地　　　址	长春市福祉大路5788号
电　　　话	总编办：0431-81629600

定　　　价　59.00元

目录
contents

第一章

提前规划，少走弯路不迷茫

科学规划，学习高效有条理

课后安排，决定成绩的分水岭

第四章

时间管理，规划成功的基石

第五章

兴趣规划，把爱好变成特长

第六章

走出误区，这些行为要纠正

第一章

提前规划,
少走弯路
不迷茫

数学练习集

语文课文

英文单词

ABC

从小要规划，赢在起跑线

　　小飞虽然学习刻苦，成绩却不理想。每次考试前，他都想着要好好复习，争取考个好成绩。然而，他越着急脑子就越混乱。

　　比如语文复习，小飞一会儿背诵课文，一会儿又去做阅读理解，什么都想做一做，结果什么都没做好。数学也是，他做了很多练习题，却不知道自己哪些知识点薄弱，哪些已经掌握。

　　到了考试的时候，小飞发现很多知识都没有复习到位，成绩十分不理想。看着成绩单，他沮丧极了。这时，老师也找到了小飞，语重心长地对他说："你盲目复习，没有重点，自然很难取得好效果。"小飞听了老师的话后，决定下次要做好规划再行动。

　　很多小学生在学习时都缺少周密的规划，经常是"脚踩西瓜皮，滑到哪里算哪里"。他们之所以如此，是因为他们觉得，老师教什么，自己跟着老师的步伐走、按照老师的要求来学习就够了，自己何必再制订规划呢？

　　这种想法是不对的。要知道，学校和老师制订的计划是针对所有同学的，而每个同学都应在遵循老师要求的基础上，根据自己的实际学习情况制订具体、周密的个人学习规划，只有这样，才能在学习过程中少走弯路，取得更好的成绩。

有老师的安排就够呀。

学习规划

学习规划是指对某一时间段内的学习内容进行细致划分，将大量的学习内容分成多个阶段性目标，以便更加高效地完成学习任务。

周密的规划有哪些好处

❶ 学习目标明确：学习规划是要求自己在什么时间段，采取什么方法，达成什么样的学习目标的规划，因而它可以促使你有步骤地完成自己的每一个学习目标。

❷ 合理安排学习任务：每个时间段该做什么，需要多少时间等，都有详细规划，不会让你在学习中眉毛胡子一把抓。

❸ 学习效率高：一些人之所以能成为学霸，其核心武器就是学习效率高，而科学、周密的学习规划可以有效提高学习效率。

❶ 制订学习规划前，先认真分析一下自己的学习情况。比如，哪些科目学得好，要继续保持；哪些科目学得一般，但有很大提升空间，需要继续努力；等等。

❷ 根据自己当前的学习情况，为自己制订明确、具体的学习目标。比如"让数学达到全班中上等水平"这个目标，就可以具体化为：每天完成10道计算题、5道应用题。

❸ 确定学习目标后，就要通过科学安排时间来实现这些目标。在规划时间时，既要规划好课内学习时间，也要考虑到课外学习和活动时间，还要考虑好不同学科的时间分配。

小低年级·养成良好的学习习惯

　　肖朋朋刚上小学一年级，他就像一只调皮的小猴子，一刻也安静不下来。上课的时候，他不是东张西望，就是偷偷玩橡皮。

　　有一次考试，肖朋朋的成绩一塌糊涂。老师找他谈话，耐心地向他讲述了认真学习的种种好处。从那以后，他就决定改变自己了。每天放学回家，肖朋朋先把作业整整齐齐地摆在桌子上，然后一项一项认真地完成。上课的时候，他努力集中注意力，不让自己分心，并积极举手回答问题。

　　在最近的一次小测验中，肖朋朋的成绩有了很大的进步。老师在课堂上表扬了他，他开心极了。这时，他终于明白了，良好的学习习惯是成功的开始。

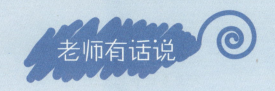

有这样一段话深入人心："播种一种行为，收获一种习惯；播种一种习惯，收获一种性格；播种一种性格，收获一种命运。"由此可见，习惯在一个人一生中的重要性。

小学低年级是我们为学习打基础的阶段，基础打得不牢，到了高年

肖朋朋，你又溜号了。

级，学习就会出现后劲不足、成绩退步的现象。所以在低年级时，养成良好的学习习惯是非常必要的。

一般来说，小学低年级学生不好的学习习惯主要包括学习目标不明确、学习时间不固定、听课时精神不集中、课后作业不能按时完成、做作业时马虎应付、平时不预习或不复习、考试时不认真读题或不积极思考、不会整理错题本等。如果你也有这些习惯，一定要及时改正。

本节关键词

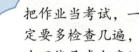

把作业当考试，一定要多检查几遍，决不能马虎大意！

学习习惯

学习习惯是指在学习过程中经过反复练习后形成并发展，最终成为一种个体需要的自动化学习行为方式。

成长问答

好的学习习惯有哪些

每日阅读：根据自己的兴趣选择书籍，每天坚持阅读半小时。

规范书写：从低年级开始就要养成良好的书写习惯，严格按照书写规范来写字。

认真听讲：听讲是学习的重要环节，只有认真听讲，才能更好地理解老师讲解的内容。

自主思考：遇到难题不要马上求助他人，而是自己先认真思考，实在解决不了时再寻求帮助。

自觉检查：在完成作业后，自己再认真检查一遍，查漏补缺。

给你的建议

根据自己的实际情况，建立一份学习计划表，并根据计划表安排自己日常的学习。不要贪多，一次可以建立一两个学习习惯，等快要养成时再建立新的学习习惯。

写字一定要有写字的样儿！

小学低年级是写字的起始阶段，养成良好的书写习惯至关重要。在写字时，首先要有正确的书写姿势，其次是要学会正确地执笔，这些都是写好字的前提条件。最后，还要养成严谨的书写态度，把写字当成一项重要的学习任务来完成，从而促使自己养成良好的书写习惯。

这句也不错，赶紧记下来！

大量且广泛地阅读。在阅读过程中，如果发现了生字词，或者觉得文章写得好，可以直接抄下来；如果发现了好词、好句，可以延伸出近义词、反义词，或者进行仿写。这些学习习惯都在为深入学习打基础。

小中年级：构建高效的学习方法

明明上小学三年级了，随着课程难度的增加，他感觉学习越来越吃力。在一次数学考试中，他遇到好多都不会做的题目，成绩公布后，他特别沮丧。妈妈看到明明这样，就耐心地对他说："你的学习方法需要调整，咱们一起来分析一下。"

在妈妈的建议下，明明会利用每天早晨记忆力最好的这段时间来背课文和单词。到了晚上，他会把当天学的知识整理一遍，并做一些练习题来巩固知识。明明还准备了一个错题本，把自己做错的题目都抄上去，定期复习。经过一段时间的努力，他感觉学习变得轻松多了，成绩也有了很大的提高。

学习需要计划，我们一起制订学习计划。

老师有话说

　　小学中年级阶段是小学阶段的重要转折点，学习内容开始从培养学习习惯和学习兴趣转向大量知识系统性的学习，我们可能无法及时消化和吸收所学知识，因而也容易出现各种学习问题。但是，这并不表示学习就没有方法，那些成绩优异的同学，往往是掌握了适合自己学习方法的同学。

　　可以说，此阶段的学习并不像一些同学想象得那么困难，如果你能找到适合自己的学习方法，不需要什么过人的天赋，依然能在学业上不断进步，取得越来越好的成绩。

除了知识，培养良好的学习方法也是一种学习。

学习方法

学习方法是通过学习实践所总结出来的、快速掌握知识的方法。学习方法没有统一规定，只要适合自己，就能提高学习效率。

看来，学习方法真的很重要。

小中年级学习重点有哪些

阅读：到了小学三、四年级，语文课的重点逐渐由拼音、字词向文章理解过渡，而快速适应这一变化的最好方法就是多读课外书。

写作：小学中年级阶段是训练写作的关键时期，而练习写作最好的方法就是勤动手写日记，最好可以每天坚持。

计算：加强计算练习，不断提高解决数学问题的能力。

奥数：如果你喜欢挑战，可以学点奥数，但不要勉强自己，也不要随便应付，抱着训练态度和平常心学习即可。

英语：从听、说到读、写的过渡期，平时要多听、多读、多模仿，形成一定的语感。

给你的建议

> 预习下一节课的内容，学习要走在前面。

1 高效预习是提升成绩的起点，科学复习则是构建完整知识体系的关键，一个是学习前的热身，一个是学习后的巩固。两者相辅相成，缺一不可。

2 听课时一定要认真、专注，并要遵循3个原则：带着疑问听课，听课时就有了目标，疑问主要来自课前预习，预习的目标就是找到问题；带着思考听课，在课堂上，无论老师是否会提问自己，都当作在提问自己，从而积极自问自答，激发思考；带着任务听课，听课时的任务包括在预习便笺上打钩，记好课堂笔记，在课本上标出解题思路等。

3

> 错题不可怕，可怕的是不知道错在哪里。

进入小学中年级，一定要开始正式地分科整理对应的错题集，从而找到自己的知识漏洞，并积极弥补这些知识漏洞。

情景小·剧场 ★

小高年级：全力备战小升初

　　萌萌今年上小学五年级了。为了能考上一个好中学，周围的同学都开始为小升初做准备，连她的好朋友明明也不例外。

　　一天放学，萌萌去找明明玩儿，当时明明正认真地在笔记本上整理知识点，他见萌萌来了，就严肃地说："萌萌，以后我不出去玩儿了，我在为小升初做准备。"萌萌听后开玩笑地说："你这么着急上初中啊？"明明告诉萌萌："现在的准备决定了我们以后能上什么样的中学。如果现在还不准备，到时候就来不及了。"

　　萌萌吃了个闭门羹，闷闷不乐地走在回家的路上。她不理解，他们才五年级，现在规划是不是为时过早？

小升初该如何做准备呢？

把课本知识牢牢掌握才是关键。

　　小升初是每个小学生都要面对的问题，但小升初不是到了六年级才开始准备，很多学霸从四年级开始就在为小升初做准备了。在小学高年级时，如果学习知识不扎实，没有为小升初做好充分的准备，即使上了初中，想要取得好成绩也是很难的。所以，提前为小升初做好准备，不但会让小升初变得容易，还会为初中的学习生活打好基础。

小升初

从字面上理解，"小"就是小学阶段的意思。"小升初"就是指学生从小学升入中学阶段的学习。

成长问答

小升初需要做好哪些准备

❶ 掌握高效学习方法：掌握一些高效学习方法，如思维导图学习法、高效记忆法等。

❷ 做时间管理达人：小学时主要学习语文、数学和英语，而升入初中后，相同时间里就要学习7~9门课程，因此学会科学合理地利用时间很关键。

❸ 自主读书：为自己列一份读书计划，鼓励自己积极思考问题，训练自己的思维能力，从被动接受到主动分析。

给你的建议

要顺利地从小学升入自己理想的中学，就要给自己学习的每个重要阶段都设立一个小目标，这样有利于及时查漏补缺，有针对性地弥补自己的弱项科目。否则，眉毛胡子一把抓，学习效率低下，小升初就会遇到困难。

1

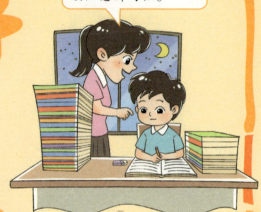

> 学习方法不一定是"题海战术"，也应该注意针对性。

2

做好基本功训练，包括熟练书写语文中的字、词、句子并锻炼写作能力，以及锻炼数学计算能力等。

> 早上看语文，课间学数学，晚上学英语……

> 12乘以89，等于多少？

3

学会合理分配时间，可以将一天的时间分为几个时间段，分别安排语文、数学、英语等科目的学习，同时留出一定的休息和娱乐时间，劳逸结合，让自己在学习过程中保持良好的状态。

第二章

科学规划，
学习高效
有条理

日计划：精准量化每日任务

今天，小天刚走进教室，一眼就望见了小彬，他正奋笔疾书呢。小天走上前，打趣地说："嘿，今天太阳从西边出来啦！你竟然来这么早！"原来，小彬昨天踢球踢得太尽兴，晚上忘做作业了，他害怕老师一会儿把他揪到讲台上批评，所以赶紧来学校补上作业。小彬已经不是第一次忘记做作业了，他抱怨作业太多，自己的记性也不好。小天觉得这是小彬每天缺乏学习计划，才容易丢三落四，于是便告诉他，只要把每天的学习任务精准量化，按照计划学习，不但能按时完成任务，还能提高效率。小彬觉得很有意思，准备放学后去小天家里求教。

　　做任何事情，想要成功，首先就要具备制订计划并严格执行计划的能力。计划分为长期计划和短期计划，长期计划固然重要，但短期计划也不能忽视。其中，短期计划又分为每日计划和每周计划。

　　要养成制订每日学习计划的习惯，将每一天的学习任务精准量化。这样不但能让学习更有条理和目标，学习任务更加明确化，还能帮助自己克服惰性，养成"今日事今日毕"的好习惯。坚持每天进步一点点，积少成多，你的成绩就会进步，各项能力也能随之提升。

学习成果也要精准量化，这样才可以衡量学习质量。

怪不得我的效率总是那么低呢……

每日计划

在学习过程中，合理安排每天的学习时间和学习任务是关键，除了要对一学期的学习时间统筹安排外，还要防止学习任务过于松散，因为知识遗忘快，我们必须提高学习效率，才能做到有的放矢，高效学习。

成长问答

每日计划怎么制订

❶ 清晨高效记忆：早上我们的大脑是最清醒的、精力是最充沛的，这时可以安排各类功课的背诵。

❷ 放学作业规划：放学后，先完成老师布置的作业。根据作业量预估所需时间，将时间合理分配到不同科目上。比如，预计用20分钟完成数学作业、30分钟完成语文作业、25分钟完成英语作业。

❸ 晚间温故知新：晚上课堂作业完成后可以安排复习和预习，先回顾当天学的知识，再预习第二天要学的内容，大概30分钟。

❶ 在做作业时，可以准备一个闹钟，把计划做作业所需的时间设置好，到时间就停笔，这样可以营造一个紧张的学习氛围，帮助自己更专注于完成作业，从而提高学习效率，同时也能保证其他学习任务按时进行。

❷ 在每天的学习计划中，学习内容要有主次之分。把最重要的学习任务安排到自己精力和状态最好的时间段，如当天的作业、第二天老师要讲的试卷等；完成这些重要任务后，再去完成次要的，如预习第二天的课程、写日记等。

```
                    重要
      第二象限                      第一象限
        计划做                        马上做
              重要但不紧急  重要且紧急
  不紧急                              紧急
              不重要也不紧急  不重要但紧急
        减少做                        选择做
      第四象限                      第三象限
                   不重要
```

❸ 制订学习计划的目的是督促我们积极去落实，如果你制订了计划后，却不按照计划进行，那么计划就等于白做了，自然也不会起到积极的效果。

我不能半途而废！

白龙马，蹄朝西～～♪

最近娜娜特别苦恼，她因为学习没计划，作业总是完不成。娜娜的好朋友小糖还冲她开玩笑，说她是"自作自受"。虽然娜娜心里很不舒服，但她觉得小糖并没有说错，学习没计划，效率确实低。

娜娜很好奇小糖为什么能轻松完成作业，便询问她原因。于是小糖很得意地介绍起 "5+1+1" 学习法。周一到周五，她就像个小战士，利用各种碎片时间来学习。到了周六，她就变成了快乐的小鸟，尽情地玩耍。到了周日，她又收心了，认真完成作业，做好复习和预习，还总结本周学习成果，计划下周学习任务。

小糖还想和娜娜比赛，要比一比这周谁做得更好。娜娜欣然接受了这个挑战，然后马上向小糖请教这个学习法，娜娜还暗自发誓一定要在这周的比赛中赢过小糖。

周计划：体验『5+1+1』学习模式

敢不敢和我比试比试学习方法？

比就比，谁怕谁。

对于大多数同学来说，周末就是休息时间，不需要考虑学习问题，但对于学霸们来说，他们会在周末为自己制订下一周的学习计划。一些学霸还喜欢用"5+1+1"学习法，以周为周期，对自己的学习进行统筹安排和阶段

又该制订新一周的学习计划了。

总结。他们发现，与月或学期比起来，一周的时间更好把握，也更有利于养成好习惯。

"5+1+1" 学习法

"5+1+1" 学习法就是指5个学习日、1个放松日、1个充电日。这种方法不但能让你充分利用好周一到周五的学习时间，还能在周六尽情放松，然后利用周日进行总结归纳。

成长问答

每周计划怎么做

星期一到星期五：除了正常上课外，抓住早起的黄金1小时（6:00—7:00，或6:30—7:30）和睡前的1小时时间，专心学习。这样每天就能比别人多学1~2小时。

星期六：已经拼命学习了5天，周六可以让自己好好放松一下，开展一些娱乐活动、体育活动等。

星期日：完成周末作业，同时复习本周学过的内容，预习下周即将学习的内容。最重要的是，要对本周的学习情况进行总结，找到自己薄弱的地方加以突破。

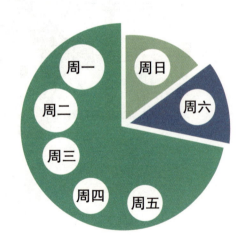

周一到周五5个学习日，早起投资自己，全力以赴。

周六1个放松日，做自己喜欢的事，看看电视、弹会儿吉他。

周日1个充电日，看一些开阔眼界的书，总结复盘一周的学习情况。

1 根据自己的学习情况，制订"5+1+1"学习计划表。

一周学习计划表

时间	上午	午间休息	睡前
星期一至星期五	6:00—7:00 背诵课文、单词等	复习上午学习的内容 预习下午的课程	20:30—21:30 复习、预习
星期六	睡到自然醒	休息、娱乐	休息
星期日	完成周末作业	复习本周学习内容 总结本周学习情况 预习下周学习内容	做好下周学习计划

2 如果你担心自己坚持不下去，可以请家人或好朋友来监督你。有了家人或好朋友的监督和鼓励，你会更容易将计划执行下去。

我也是这样想的。

不如我们奖励彼此一杯奶茶吧？

3 坚持一个月后，可以给自己一份奖励，可以是一杯奶茶，也可以是一顿美食，或者是你喜欢了很久的物品，强化自己继续坚持的动力。

学期计划：OKR 法显成效

今天是开学第一天，班主任给大家布置了一个任务：制订学期计划。

牛牛顿时犯了难，一学期那么长，怎么制订计划呢？午休时，牛牛来到学霸鑫鑫旁边，向他请教这个问题。鑫鑫告诉牛牛，他爸爸教给他一种OKR法，用来制订学期计划非常管用。这种方法常用在企业管理上，他爸爸在公司里经常用，它也能用在学习规划上。简单来说，OKR法就是给自己制订一个长期目标，然后再把目标分解成为具体的学习内容，之后每周就按照学习计划上的步骤学习。他看牛牛对此很感兴趣，便约牛牛晚上去他家做功课，让他爸爸亲自给他们上一课。牛牛听了高兴极了。

OKR法？

今天放学来我家，让我爸教你！

老师有话说

"新学期你有什么打算？"

"没什么打算，跟着老师学呗！"

想必很多同学可能会这样回答。殊不知，没有计划、缺乏目标，学习就没有动力和努力的方向，只能"当一天和尚撞一天钟"。

新学期开始，结合自己所在年级的学习特点及自身的学习情况，制订一个完整、可行的学期计划是非常必要的。它不但能帮你养成良好的学习习惯，还能让你有条不紊地安排自己的学习时间，完成学习任务。

学期计划

学期计划一般以一学期为基础来制订，主要从总体上对本学期各学科的学习做出全面的安排，设立学习目标，学会管理自己的时间。

什么是OKR法

OKR，英文全称为"Objectives and Key Results"，意思是目标与关键成果法。具体实施时，就是先设立一个比较有挑战性的目标，再将目标分解成为一些关键性、可量化的结果，最后将结果细分为若干个需要完成的具体任务，我们每天只要遵照任务来执行计划就可以了。

做好计划，并认真执行计划，你就会看到自己的努力成果。

给你的建议

1

根据自己的实际学习情况，列出OKR学期计划表格：

学期目标	01：数学期末考试成绩提升1个成绩等级 02：语文期末考试成绩提升1个成绩等级 03：英语期末考试成绩提升1个成绩等级 ……
关键性、可量化的结果	KR1：记住每一个单元的所有公式 KR1：每天早起晨读30分钟，背诵古诗一首 KR1：每天听30分钟英语 ……
与关键性结果有关的状态	KR2：计算题准确率提升到90%以上 KR2：每周练习写3篇作文 KR2：每天熟练记忆10~15个单词 ……
具体的学习计划	KR3：每天做5~10道课外题 KR3：每天做一篇语文阅读理解 KR3：每周练习写3篇英语作文 ……

2

虽然是学期计划，但每周也要更新一次OKR表格，并将其贴在家中醒目的地方，便于随时了解自己的学习进度。

寒暑假规划：利用假期实现弯道超车

终于放暑假了，小卓特别开心。一开始，他还想着要利用好假期时间，好好学习，可每次刚拿起书本，就被各种好玩的事情转移了注意力。

朋友们经常约小卓出去玩，他也总是抵挡不住诱惑。他们一起去公园玩耍、去游乐场疯闹，日子过得无比欢乐。结果，小卓把暑假作业完全抛到了脑后。

直到有一天，小卓突然意识到暑假快要结束了，而作业还一点都没动。他便开始疯狂地补作业，可时间已经所剩无几。看着那堆积如山的暑假作业，小卓后悔自己浪费了这么多时间，没有做好假期规划。

走啊，小卓，出去踢球呀！

老师有话说

糟了，马上要开学了，我的暑假作业还没写。

　　每位同学都热切地盼望着寒暑假的到来，这段时间可以看电视、吃零食、打游戏，让自己好好放松一下。

　　但是，这可不代表假期就可以"躺平"，不用温习功课了。假期里过于"放飞自我"，不但容易遗忘掉之前学过的知识，还会白白浪费很多宝贵的时间。

　　寒暑假是一个很好的实现弯道超车的机会。在假期里制订合理的学习计划，学会管理自己的时间，安排好学习任务，你就能有效提升自己。假期结束回到学校后，你和其他同学的差距也会显现出来。

弯道超车

弯道超车是赛车运动中的一个常见术语，意思是在弯道处超越别人。两辆行驶速度相仿的赛车在直道上竞赛时，如果马力相差不大，彼此就很难超越。而拐弯时，车辆速度比在直道上有所降低，所以更容易超越。

成长问答

假期规划怎么做

❶ 每天阅读1小时：上学时功课紧张，基本没时间阅读，假期正是一个弥补的机会。每天花1小时时间阅读，可以大大增加自己的知识储备。

❷ 弥补薄弱知识模块：利用假期时间，弥补自己平时学习比较薄弱的学科或知识，对知识进行查漏补缺。

❸ 练习口算和应用题：每天坚持练习口算和应用题，可以提高计算能力和数学思维能力。

给你的建议

计划在手，学习更上一层楼！

1 制订一份表格式的每日计划表，计划分3部分，分别为上午、下午和晚上。具体内容包括时间、任务、备注及完成情况。

2 每周末对自己一周的假期学习进行一次总结，看看自己是否顺利完成了学习任务，如果没有完成，分析原因，并争取下周将未完成的任务补上，或者调整计划，让学习计划更科学合理。

查漏补缺是个好习惯。

3 假期学习时，也要注意劳逸结合。当感觉自己精力不济或注意力不够集中时，可以适度放松一下，或进行一些室外活动，不要让自己过于劳累，影响学习效果。

暑假作息表

时间	内容
7：30-8：30	洗漱、吃早饭
8：30-9：00	晨读
9：00-11：00	写作业、学习
11：00-12：00	娱乐时间
12：00-14：00	吃午饭、午睡、睡醒醒脑时间
14：00-16：00	进行课外拓展、阅读课外书、练字、画画等
16：00-18：00	户外活动时间或者学习才艺，如画画、游泳等
18：00-19：00	晚饭时间
19：00-20：00	个人爱好时间
20：00-21：00	亲子交流、阅读
21：00-21：30	晚读时间
21：30后	睡觉时间，即使是暑假也要保持充足睡眠

第三章

课后安排，
决定成绩的
分水岭

老师讲的是什么意思？我怎么听不懂了。

提前预习，梳理听课重点

　　小飞一直觉得自己在学习上还挺有天赋的，所以没有预习的习惯。可是从这个学期开始，他发现自己听不懂老师讲的课了。

　　这天上数学课，老师像往常一样在讲台上讲课。小飞却听得云里雾里，完全不知道老师在讲什么。看着周围的同学都频频点头，似乎都能跟上老师的节奏，他开始着急了。

　　这节课后，小飞发现自己好多题目都不会做。他这才意识到，因为没有预习，所以对课程知识点完全没有了解，已经掉队了。小飞决定从现在开始，认真预习，努力赶上老师的节奏。

老师有话说

很多同学都说老师讲课速度太快，跟不上老师的节奏。更可怕的是，如果一次两次上课跟不上老师的节奏，就很有可能整个学期后面的知识点也会跟不上，最后导致恶性循环，产生厌学的情绪。

要想解决跟不上课堂节奏的问题，不仅要课后认真复习，课前预习同样重要，也要完成好。课前预习可以提高课后作业和复习的学习效率，增强对知识点的记忆。同时掌握正确的课前预习方法，可以帮助你有效地跟着老师的节奏学习，让自己更轻松地完成学习任务。

预习能让你在正式学习新知识前，可以很快地跟上我讲课的节奏。

课前预习

　　课前预习就是在正式上课前提前学习没有接触过的知识，课前预习不仅可以提高听课效率，还能增强对知识点的记忆，是学习必要的环节之一。

成长问答

各学科如何高效预习

　　❶ 语文：通读课文，正所谓"书读百遍，其义自见"。第一遍通读，标注生字，第二遍查生字，第三遍尝试理解中心思想。

　　❷ 数学：标注出重点、难点、疑点；尝试推导公式，理解定义；根据自己的初步学习，尝试做课本上的练习题。

　　❸ 英语：先通读课文，一边读一边尝试理解课文大意，同时标注不认识的单词、不理解的语法。再通过查阅词典等方法认识单词，再初步记忆单词。

说到预习，该从哪里开始呢？

❶ 暑假和寒假除了可以用来放松身心外，还是预习下学期课程的最好时间。把未来一学期要学习的内容列一个思维导图，有利于厘清学期的学习思路以及重点知识等。

❷ 学习是为了应用，当你发现一个理论在现实生活中可以应用时，印象就会非常深刻。比如数学的1个形状、语文的1个成语、英语的1个单词，都可以通过预习提前在实践中应用。

❸ 在预习时，难免会遇到难以理解的知识点。通过在相应的位置利用不同的形状做标记，可以方便我们在课后提问和重点理解。

定期复习，扫除知识盲区

莹莹一直觉得自己挺聪明的，所以，对于复习这件事，她从来都不怎么放在心上。

一次，语文老师在课堂上进行了一次小测验。当莹莹开始答题的时候，发现很多题目看着熟悉，却怎么也想不起来正确答案。尤其是那些需要背诵的古诗词，她明明在课堂上背得很熟，现在却怎么也想不起来需要填写的句子。

莹莹这次的成绩很不理想，她终于开始反思自己的学习方法，这才发现自己一直以来都忽略了复习的重要性。若是平时自己能在课后认真复习所学的知识，把知识点都牢牢地记在脑子里，就不会在考试的时候这么狼狈了。

为什么这些知识都认识我，而我却不认识它们呢？

复习是学习中不可或缺的一环，它可以帮助学生巩固和加深已经学过的知识点，提高记忆效果，发现不足和错误，提高应试能力和自主学习能力。通过正确的复习方法和技巧，学生可以更好地掌握知识点，提高学习效

率和学习成绩，为未来的学习和生活打下坚实的基础。因此，学生应该养成良好的复习习惯，制订合理的复习计划，利用各种复习工具，不断地巩固和加深已经学过的知识点，这是学生必须具备的学习能力和素质。

复习

复习在学习中的作用至关重要，它不仅是稳固已掌握知识的基石，更是深化理解和促进知识应用的重要途径。一个高效的复习策略，能够极大地提升学习效率，并有效缓解学习者的挫败情绪。

复习有什么作用

巩固知识点：复习可以帮助我们巩固已经学过的知识点，避免遗忘和淡忘，为后续的学习打下坚实的基础。

查漏补缺：复习的过程中，可以发现自己的不足和错误，及时进行纠正和补充，提高学习效果和能力。

提高应试能力：复习是应对考试的有效方法，通过复习可以提高应试能力，获得好成绩。

复习果然有用，这次考试再也不会"翻车"了！

1 　尝试翻看课本列出本学期某学科的思维导图，将大概知识点进行梳理，列完后再翻书对照，看自己遗漏了哪些，有哪些是错误的，这样能更高效地帮我们查漏补缺。

2 　通过自己的练习经验，找到课程的重点和难点，针对性地进行复习，避免将时间浪费在不重要的内容上。

3 　错题本是非常重要的学习工具。那些已经做对的题基本已经掌握，而做错的题是需要反复琢磨弄懂的。错题本可以帮助找准复习的方向，使复习更高效。

这就是我的"纠错神器"！

合理规划，让做作业效率翻倍

　　五一假期即将开始，欣芯却怎么也开心不起来。一想到有那么多的作业要做，还有五一假期结束后的期中考试，这假期简直就是一场"灾难"。

　　欣芯看着作业本，就像一只无头苍蝇一样，不知道该从哪下笔。她的好朋友乐乐也有同样的困扰，乐乐做作业也没效率，每次都到假期最后一天才草草完成作业，根本没时间复习。她们俩其实都有一个共同问题，就是每次做作业都非常拖拉，容易三心二意，一会儿吃个水果，一会儿去上厕所，时间就这么白白浪费了。欣芯真希望能找到提升做作业效率的方法，不然这个假期又要在慌乱中度过了。

　　相信很多同学和家长都有类似的经历：不做作业，母慈子孝；一做作业，鸡飞狗跳。有的孩子并没有掌握做作业真正的方法，所以一到做作业时就疲惫不堪，甚至拖拖拉拉，每天都忙到深夜。结果考试成绩一公布，不是原地踏步，就是"激流勇退"。实际上完成作业并非简单的重复，而是有讲究的，不然就是白费劲儿。如果能在开始前复习已学的内容，巩固知识，一定会有意想不到的效果。

家庭作业

家庭作业是教学体系中非常重要的一个环节。它是把课堂内容真正变成知识的关键一环，但做作业并不是简简单单地"刷题"，它也是要讲究技巧的。

做作业有什么用

检查教学效果：做作业最大的作用就是用来强化记忆，它是老师检验课堂教学成果的重要依据。

拓展知识：做作业能锻炼我们"举一反三"的能力，并在做作业过程中发现新的问题和知识点。

引发思考：通过做作业，可以很好地引发我们的思考，加深对知识的理解和掌握。

1 　　做作业前先复习，把没背熟的、不理解的全都整理和搞定之后再做作业，作业就没有那么"麻烦"了。

做作业前先复习，这是老师告诉我的诀窍！

简单题		
语文	数学	英语

中等难度题		
语文	数学	英语

困难题		
语文	数学	英语

2 　　根据作业的科目、难易程度，按照由简到难的顺序完成。

3 　　完成作业并不代表"万事大吉"，最好再把作业中涉及的知识点回顾一遍，这样学习效果才能达到最大化。

高效作业七步法

记　记好作业要求
复　做好作业前复习
定　定好作业顺序
备　做好各种准备
做　专注做作业
检　检查遗漏、错误
结　及时梳理当日情况

坚持阅读，提升人文素养

　　小童是一个超爱读书的男孩。一直以来他都特别喜爱阅读，只要一打开书本，他就仿佛进入了一个全新的世界。

　　小童在书里结识了勇敢的英雄、聪明的智者，从他们身上学到了许多宝贵的品质。通过阅读，小童获取了很多知识，变得更加沉稳和有耐心，人人都夸他是个聪明、懂事的好孩子。

　　在学习上，阅读为小童提供了很大的帮助。在课堂上，他总是积极回答问题，因为他对自己的知识储备十分自信。写作文时，很多优美的词语总能不经意地涌现出来。就这样，小童的学习成绩在不知不觉中得到了提升，这一切都离不开阅读的滋养，也更加坚定了他坚持下去的决心。

　　阅读对于我们的学习和成长至关重要。它不仅能拓宽我们的知识面，让我们足不出户就能了解不同的世界和文化。还能帮助我们学习各种写作技巧和表达方法，提升语文素养。同时，阅读有助于培养专注力和思考能力，让独立思考不再是一个难题。通过阅读优秀的作品，我们还能汲取正能量，塑造良好的品德和价值观。

　　因此，培养阅读的好习惯是越来越多的人非常重视的事情之一。在他们心中，阅读是学习和成长道路上不可或缺的良师益友。

阅读

阅读是获取知识的重要途径，它跨越了时间和空间的限制，为我们带来最深刻的启迪。它不仅是一场灵魂的旅行，还能触动我们的情感，激发我们的思考。通过阅读，让我们的精神世界变得更加充实，我们的人生也因此增添了丰富的色彩和深度。

成长问答　除了课本外，我们还应该读哪些书

❶ 文学名著：中外文学名著是世界各国文化的缩影，也是学习和了解各国语言、风俗、历史等各方面的"教科书"。

❷ 国学经典：国学是中华传统文化的根基，是很好的启蒙读物。它不仅可以培养品德和情操，还能增强民族自豪感，强化记忆力。

❸ 童话寓言：它们是智慧的种子，能增强我们的想象力和创造力。它们还让我们有了善恶的观念，用一种浪漫的视角去了解这个世界。

给你的建议

让阅读成为习惯。养成随身携带一本书的习惯，随时随地享受阅读带来的充实感。也可以从兴趣入手，逐渐拓宽阅读范围。

1

2

优质书单	
获得世界大奖的经典绘本	获得凯迪克奖、凯特·格林威奖的绘本，包括各种主题，我们可以挑选适合自身年龄段和阅读水平的作品
文笔绮丽、辞藻丰富灵活的散文	有助于我们增加词汇量，提高对语言的灵活运用能力
适合小学生读的中外名著	有助于加深我们对社会及生活的思考
历史类书籍	有助于我们思考和分析问题时更能着眼于时代特点
名人传记	有助于我们更深刻地理解人物
教育部推荐的适合各年级学生的图书	经过许多专家评选出来，值得一读

精心准备一份书单。筛选一些能够满足自身需求而且适合小学生阅读的优质图书，书单可以借鉴左侧的表格。

3

进行精读训练。对好字、好词、好句进行积累，这对我们提升阅读理解和写作水平都有相当大的帮助。精读训练可从右侧所示几方面进行：

了解作品背景	细致鉴赏作品
标注好词好句	整体概括、理解

第四章

时间管理，
规划成功
的基石

别让『卡点』成为绊脚石

　　小风是一个做事喜欢拖拉的小朋友。尤其是在学习上，他有个特别不好的习惯，那就是不到最后绝不学习。对于他这个爱"卡点"的毛病，家人和老师都感到很头疼，他自己却不以为意。尽管作业经常因此而做不完，但他每次都能编出一堆的借口，学习成绩也不断下滑。有一次，老师布置了背诵课文的作业，小风却迟迟没有开始背诵，后来还和同学一起出去玩儿。第二天，老师在课堂上抽查时，正好抽查到了他，严厉地批评了他一番。

　　做什么事情都喜欢"卡点"，其实是在拖延时间。比如，早晨7点钟起床，现在是6点58分，你想的不是"该起床了"，而是"还可以再睡2分钟"；晚上6点钟开始学习，现在是5点50分，你想的也不是"该学习了"，而是"还能再玩10分钟"。久而久之，你就养成了一个不好的习惯：学习或做事都要整点开始才行。

　　这种习惯也就是我们常说的拖延症，而产生拖延症的主要原因就是自控能力差，或者时间管理能力差。如果你一直习惯于这样拖延，对学习和以后的发展肯定会产生不良影响。

卡点

"卡点"就是指在规定的时间内做事，不能少一分钟，也不能多一分钟。久而久之，就容易养成一种习惯：学习或做事必须在某个固定时间点才行。

卡点怎么治

❶ 培养守时的习惯：每次面对学习任务或其他事情时，都告诉自己要守时，按时去做。

❷ 提前进入状态：比如，想要在5点开始学习，就提前10分钟做好准备，准备好后就开始学，不要在意时间是不是正好5点。

❸ 学会分解大目标：有时为了避免目标过大而导致拖延，可以先把大目标分解成一个个小目标，再依次实现，不给自己拖延的借口。

准时睡觉，才能保证第二天精力充沛。

058

咱们先完成作业再练习英语听力吧。

❶ 按照每天要做的事情或要完成的学习任务的轻重缓急，对事情或任务进行归类，如紧急且重要的、紧急但不重要的等。

❷ 想到要完成一件事情，就立刻行动，不给自己找理由或进行自我暗示，不给自己"卡点"的机会。只要行动了，不管做成什么样都是进步。

❸ 采取番茄工作法进行学习，这种方法是让自己每工作25分钟后，就休息5分钟，并且在工作的25分钟内不允许做任何与任务无关的事情，只专注于当下的事情，提高时间利用率。此方法运用到学习上也非常有效。

工作 25分钟 　　休息 5分钟

休息 5分钟 　　工作 25分钟

积少成多，成为『时间的富翁』

　　龙龙是班里有名的时间管理大师，只要一有时间，他就用来背单词和课文。同学小光对此总是一副不屑的态度，直到看到龙龙进步神速，这才跑来向他请教学习方法。龙龙对他说："你可别小瞧这些零散的时间，把它们利用好，能完成好多事呢！这一周我就背诵了30个单词、2首古诗和1篇古文！"说着，龙龙还掰着手指头认真地数了数。

　　这可把小光惊讶到了，他决定也和龙龙一样，开始制订属于自己的碎片时间管理计划。之后，他再没有因为"时间不够用"而烦恼了。

日常生活中我们经常听到这样的话，当很多人在抱怨没有时间时，一小部分人却开始利用这些碎片时间提升自己。日复一日，年复一年，人与人之间的差距就这样拉开了。

不要小瞧生命中每一个不起眼的5分钟、10分钟。这些时间看起来很

短，却能够做很多事情：写一篇日记、回顾新学的知识点、做一组眼保健操、看一篇英语短文、做一道数学题……长久地坚持下去，将对我们的人生产生巨大的影响。

从现在起，我们要争做时间的主人，好好利用时间，去拥抱最好的自己。

碎片时间

碎片时间通常就是指没有安排任何学习，没有被计划的时间，因为零散、无规律，所以被叫作碎片时间。

碎片时间在哪里

早起时间：我们可以一边洗漱、吃早点，一边听新闻报道或英语听力题。

乘车时间：乘车时不适合阅读，可以练习英语听力、听音频读物。

等待时间：等人或排队的时候，适合背诵古诗、文言文、作文素材。

下课时间：不妨利用下课时间背诵单词、记数学公式。

等待开饭前：背背古诗、历史事件，练习数学题都是不错的选择。

晚上洗漱后：适合书法练习、画画或睡前阅读。

给你的建议

1

根据自己的情况，列出每天的碎片时间，然后制订合理的学习计划。

碎片时间管理表							
零碎时间 ⏰	早起时间 🛏️	乘车时间 🚌	等待时间 ☕	下课时间 ⏰	午饭后 🍚	晚饭前 🍲	睡觉前 💤
星期一							
星期二							
星期三							
星期四							
星期五							
星期六							
星期日							

2

准备一个小箱子，在外面贴上"碎片时间箱"，放上你想要阅读的书籍，建议不超过3本。这箱子可以放在洗漱台、床头柜或沙发旁。

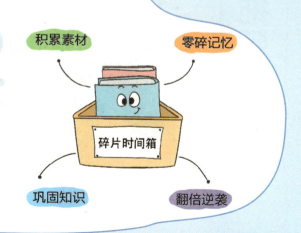

积累素材　零碎记忆

碎片时间箱

巩固知识　翻倍逆袭

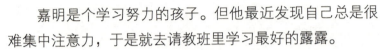

番茄时间管理，专治拖延症

嘉明是个学习努力的孩子。但他最近发现自己总是很难集中注意力，于是就去请教班里学习最好的露露。

露露告诉他，出现这种情况是没有做好时间管理导致的，于是就向他推荐了番茄时间管理法。嘉明听得一头雾水，便请露露为他详细讲解一下。露露解释说，人的专注力大多会保持10～40分钟，专注时间太长，人的记忆力和理解力都会下降，从而降低学习效率。只有通过劳逸结合，才能让学习更高效、专注力更持久。

嘉明听后觉得十分有道理，于是就按照露露的方法尝试改变自己的学习方式，果然越学越轻松。后来，嘉明还把这个方法推荐给了其他同学。

可以试试番茄时间管理法呀！

为什么我越努力越差劲呢？

　　做事拖拖拉拉，明明知道有很多任务需要完成，却总是迟迟不肯行动。好不容易下定决心去做了，结果又无法专心，一会儿被这个吸引，一会儿被那个干扰，导致学习效率极其低下。你是否也曾有过这样的困扰呢？

　　遇到这种问题怎么办？当然不能任由其发展下去。那么，运用什么方法可以帮助我们迅速摆脱拖延和做事不专注的困扰呢？不妨试一试行之有效的番茄时间管理法。这种方法通过将时间划分成一个个固定的时间段，在每个时间段内专注地完成一项任务，从而有效提高我们的效率和专注力。

完成了一个目标，先休息一下吧！

番茄时间管理法

番茄时间管理法是一种简单易行的时间管理方法，这种方法是指将工作时间划分为30分钟为一个任务完成单元，即在每一个任务单元内，包含25分钟专注时间，5分钟休息时间。

运用番茄时间管理法进行学习时需要做哪些准备

1.任务清单要列好：把打印好或手写好的任务清单放在桌面上，以供自己学习时查阅。

2.学习用具准备好：课本、练习册、作业本、笔记本、试卷、各种颜色的笔、橡皮、尺子等。

3.无关事项先完成：洗手、喝水、吃东西、上厕所等。

都准备好了，那就大干一场吧！

4.番茄闹钟设置好：把闹钟按计划调好后，马上开始进入学习时间。

1 运用任何方法进行学习时，都要尽可能地保障良好的学习环境，番茄时间管理法对环境也有一定的要求，如安静、整洁等，不要有任何人、事或物的打扰。

易→难

少→多

短→长

2 当一切准备工作就绪之后，就可以使用番茄时间管理法进入沉浸式的学习状态了。需要注意：学习任务要由易到难，学习科目和内容要由少到多，学习时间要由短到长。

3 定下目标之后，就要保证专注高效地完成，中途绝对不要停下，如果中途被打断，就要重新开始进入下一个番茄时间。

番茄学习法

专治拖延症 保持专注力

🍅 = ⏰ 专注 25分钟 + ⏰ 休息 5分钟

🍅 = 一次只做一件事

🍅 = 做事中途不可停

🍅 = 做完4件事 ⏰ 休息 20分钟

🍅 = 短时专注 + 奖励

强强是个没有时间观念的孩子。这一次，他又没交作业，这事被科代表晴晴发现后，他想悄悄补上，以免被老师批评。晴晴说这样的小伎俩瞒不过老师，并希望他去认错，可是，强强害怕被老师责骂，不敢去承认错误。晴晴知道强强一定是因为玩过了头所以才没有时间完成作业。强强没想到晴晴这么了解自己，他也感到十分苦恼，但却一直改不掉这个坏习惯。于是，晴晴向他介绍了一些计时工具和管理时间的方法，说这些对建立时间感非常有帮助。结果强强竟跑去商店买了一大堆钟表，弄得晴晴有些哭笑不得。

晴晴，我想管理好时间，哪种工具最有用？

老师有话说

时间的快慢是相对而言的。只有珍惜时间，才会感觉时光飞逝。

当我们无聊时，时间过得好慢呀，秒针在你眼前有节律地嘀嗒嘀嗒地响着，似乎时间停止了一般；可是当我们快乐地玩耍时，时间又像飞奔的马儿，撒着欢从你眼前飞过。

时间感和生命观念密切相关。当我们认为时间宝贵，我们会更加珍惜时间，并且利用时间达成目标。时间感是我们生命中必不可少的感知能力，它让我们更有意识地优化时间，让时间更好地为我们服务。

所以建立时间感不仅有助于我们珍惜时间、利用时间，还能让我们减少无聊时的痛苦，增加兴奋时的快乐。

时间感

时间感是人类所具备的一种感知能力，它能让我们意识到时间的流逝和变化。我们可以感受到时间的长短、快慢、紧迫感和缓慢感。建立时间感也需要一些工具，如闹钟、手表、番茄计时器等。

成长问答

有哪些工具可以帮你建立时间感

❶ 时钟：通过时钟，我们可以建立对时间的认识，初步感知秒、分、时的时间概念，可以采用12小时制或24小时制，同时能够进行对比和转化。

❷ 手表：手表能让我们感知时间的流逝，手表是时间管理工具中最能和我们产生深度链接的工具。

❸ 闹钟：闹钟可以在我们设定的时间点提醒我们，可以强有力地唤醒我们，使我们不至于错过重要安排。

❹ 沙漏：沙漏是最能体现时间流逝画面感的时间管理工具，它把无形的时间化为有形的流沙，通过使用沙漏，能让我们加强对时间的重视程度，更加珍惜时间。

给你的建议

1 学会分解时间，这是件好玩儿的事。尝试以30分钟为单位，记录你近几天所做的事，对你的时间安排和日常事务有个清晰认识，从而更有效地利用时间。

时间	星期一	星期二	星期三	星期四	星期五	星期六	星期日
6：30							
7：00							
7：30							
8：00							
8：30							
9：00							
9：30							
10：00							

2 把一天中不需要做的事情列出来，如早上起床不看手机、上课时不玩笔、吃饭时不看电视。根据总结的时间表，把不需要做的事情列出来。时间应该被有效利用起来，做需要做的事情。

3 培养时间感就是培养对时间的认识和重视，做每件事都给自己规定一个时间，有助于培养时间感，久而久之，可以提高做事效率。

我的梦想是当一名宇航员，我现在每天都会学一些航天知识。

长计划，短安排，立即做

在一次以"我的未来不是梦"为主题的班会课上，老师引导着大家说出自己的梦想。当轮到小虎时，他却支支吾吾地不肯说。老师和同学们都觉得很诡异，在追问之下，小虎才吞吞吐吐地说出了实情。原来，他并没有想过这个问题，他一直觉得梦想很遥远，"过一天，算一天"才是他的真实想法。老师并没有批评他，而是让他认真聆听其他同学的发言。没想到，小虎真的受到了很大触动，其他的同学不仅有明确的梦想，他们还为自己的梦想做了很多规划，并为实现梦想一步一步地努力着。这让小虎感到十分惭愧，他终于意识到了自己和同学们的差距所在。

学习没有动力，作业总是在别人的监督下才能完成。这让学习变得沉重而不愉快。可是，难道我们学习真的是为了家长吗？家长之所以经常唠叨我们，是因为他们知道，知识能改变我们的命运。而我们自己更应该意识到，美好的生活是通过知识获得的。这与物质条件不同，当我们拥有知识，我们看待世界的角度就会不同，处理事情的方式也会随之改变，我们的精神世界也会变得更加丰富和充实。反之，即使我们拥有足够多的金钱，也不一定会感到幸福。我们应该从现在起建立大局观，进行战略思考，规划人生，努力达成！

长计划

长计划是前瞻性的思考，不是空洞的想法。它是基于对自己的充分认识做出的理性思考，目的是对自己的未来做战略性布局，让自己努力有方向，成长有动力，学习有力量。

如何规划我们的人生

❶ 确立价值观：可以记录下自己的优点、缺点、兴趣点和价值观等信息，在此基础上进一步思考自己想要的生活，并记录下来。

❷ 制订目标和可行性计划：根据自己的实际情况制订目标和可行性计划，包括短期目标（一年内实现）、中期目标（3～5年内实现）和长期目标（10年内实现）。你的计划应该包括学习、工作、家庭、娱乐等方面。

❸ 坚持持续学习和成长：对于所有人来说，学习和成长都是非常重要的。你需要不断学习新技能、新知识，提高自己的能力和竞争力。

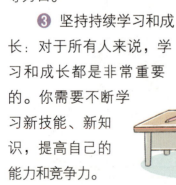

我想好了，我的梦想是当一名美食家，做出世界上最美味的饭菜！

074

① 当走到人生的尽头，你希望别人怎样评价你，一个成功的商人？一个正直的人？一个善良的人？通过这个问题找到自己的价值观，假如你希望人们评价你是一个坦诚、正直的人，那么你一生就朝这个方向努力。你的目标、计划、梦想、行动全都朝着这个方向，我想你就会如愿以偿。

人生目标分解示意图

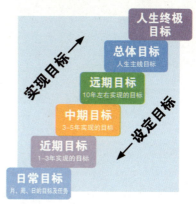

实现目标 →

人生终极目标

总体目标
人生主线目标

远期目标
10年左右实现的目标

中期目标
3～5年实现的目标

← 设定目标

近期目标
1～3年实现的目标

日常目标
月、周、日的目标及任务

② 把长计划分解成一个个的小目标，在不断完成小目标的同时，也会逐步完善大目标。为了确保达成目标，不能拖延，应该立即行动，并坚持下去。只有在路上，我们才能发现美丽的风景。

③ 把短期目标记录下来，并且跟踪记录完成情况，通过自我目标的达成情况，不断调整行动方向，同时也可以增加成就感，从而更愿意坚持下去。

小小食神

第五章

兴趣规划，
把爱好
变成特长

会表达的孩子更受欢迎

小刚是一个内向的孩子，平时总是羞于表达，因此，他在班级里并没有什么朋友。每当小刚看到其他同学成群结队地玩游戏和讨论学习问题时，他的内心就会泛起一种莫名的孤独感。一天，班里新来了一名转校生，名叫瑶瑶，她十分善于表达，没几天就和班里的同学打成了一片。这让小刚很受触动，他暗自下定决心一定要做出改变，做一个受欢迎的人。不久，小刚就和瑶瑶成了好朋友，他在瑶瑶那里学到了很多关于交际方面的技巧，很快也成了班里的"交际达人"。小刚神奇地发现，人缘变好之后，他的学习成绩也一路上升，心里别提多开心了。

表达力在我们的生活中至关重要。良好的表达力能帮助我们准确阐述自己的观点和对事物的理解。课堂上，清晰的表达可以让老师更好地了解我们的学习进度和困惑，以便给予针对性指导。与同学交流时，出色的表达力能促进思想碰撞，拓宽思维边界。

想要别人更了解你，表达非常重要。

在写作中，表达力更是关键，它决定了我们能否将知识和感悟有效地传达出来，变成优美的文字。提升表达力，能让学习变得更加高效、有趣，可以为我们打开更广阔的知识大门，助力我们在学习的道路上不断进步。

表达力

表达力就是把自己的想法、感受、知识等通过语言、文字、肢体动作等方式清晰、准确、生动地传达给他人的能力。

成长问答

拥有表达力表现在哪些方面

语言清晰准确：拥有表达力首先表现在说话时语言清晰，发音标准，用词准确恰当，让人能轻松听懂。

逻辑严谨、条理分明：在表达过程中，拥有表达力的人会展现出清晰的逻辑。无论是口头表达还是书面表达，都有明确的结构，如总分总、层层递进等，让人能跟随其思路，明白其观点的来龙去脉。

情感真挚生动：拥有表达力的人能够注入真挚的情感，使表达更具感染力。可以通过语气的变化、生动的描述等方式，让听众或读者产生共鸣，更好地体会表达者的内心感受和意图。

锻炼表达力的基础就是多阅读多积累，学习优秀作品中的语言、逻辑等，它们都会成为自己的表达素材。你可以用"是/能/有"这个模型做表达能力的入门训练，也可以把乌龟换成任意一种物品或者动物。

是	能	有
·绿色的	·游泳	·壳
·棕色的	·下蛋	·尾巴
·很慢的	·吃植物、昆虫	·头
·爬行动物	和小鱼	·四条腿

胆量也是提升表达力的重要因素。你可以抓住各种机会大胆发言，如在课堂上积极回答问题，参加小组讨论、演讲和辩论等活动都能提高自己的表达能力和自信心。

认真倾听他人的表达，学习他人的优点，了解不同的表达风格。认真分析自己的表达所存在的问题，如表达不够清晰、出现逻辑漏洞等，以便不断改进。

提升艺术修养，从现在开始

闹闹一直觉得学习枯燥无趣，所以成绩一直都不太理想。一次偶然的机会，闹闹随着父母去参观了一个艺术展览。那些绚丽的图画、精美的雕塑为他打开了新世界的大门，令他无比陶醉。从那以后，闹闹开始求知若渴般地学习艺术知识，欣赏各种艺术作品。随着艺术素养的提升，闹闹发现自己的观察力和想象力变得更加敏锐了，就连学习也发生了意想不到的变化。他学会了从不同的角度去分析问题，思路更加开阔，逐渐爱上了学习，成绩也不断提高。闹闹终于明白，艺术修养不仅让生活充满色彩，还为学习带来了新的活力和动力。于是，他立志要成为一名艺术鉴赏家，继续探索这片广阔的艺术天地。

真是太不可思议了！

艺术是一种"无声的语言"，它用线条和色彩来表达情感，是一种真正意义上的灵魂沟通。艺术修养也是激发潜能的源泉，就像闹闹原本不爱学习，成绩不佳。但自从接触了艺术之后，他就把鉴赏艺术作为了自己的爱好，开始学习艺术知识，进而在不知不觉中，鉴赏艺术已经成为他的特长。这不仅提升了他的观察力和想象力，还让他在学习中能从不同角度思考问题，打开思路，爱上学习并提高成绩。艺术修养为学习注入新活力和动力，它能开拓视野、激发创造力，让我们以全新视角看待知识，不再局限于传统学习方式，从而更好地探索和掌握知识。

艺术修养

艺术修养是人们对艺术的感受、领悟和欣赏的能力，它是一个人对不同艺术形式的理解、审美的直观体现。

为什么要从小培养艺术修养

激发创造力：孩子在小的时候思维比较活跃，培养艺术修养能激发他们的创造力和想象力，为获得创新能力打下基础。

提升审美水平：培养艺术修养有助于帮助孩子形成良好的审美观念，懂得分辨美丑，提升他们对生活中各种事物的审美感知。

丰富情感表达：从小培养艺术修养可以让孩子学会用艺术的方式抒发情感，更好地理解自己和他人的内心世界，促进情感的健康发展。

那我们开始吧！

我有一个更好的想法，会把它变得更漂亮。

给你的建议

1 多接触艺术氛围。参观艺术展览、观看文艺演出、阅读艺术书籍等，可拓宽艺术视野，提升艺术修养。通过广泛欣赏艺术作品，可以加深对艺术作品的解读能力和理解能力。

2 学习并了解各国的艺术史、艺术理论和不同艺术流派等知识，能够提升自己对艺术的认知水平。

3 亲自尝试绘画、摄影、书法、音乐演奏等艺术创作活动，在实践中提高艺术表现力。尝试写作诗歌、散文等文学作品，锻炼文字表达能力。

把运动天赋变成运动才能

　　浩浩从小就酷爱运动，他每天都坚持跑步锻炼，几年下来身体素质也变得非常棒。

　　学校每年都会组织长跑比赛，只要有浩浩参加，冠军必然是他。但是，浩浩并没有因此而感到满足，他还十分喜欢打篮球和踢足球，并在校队中担任主力，为学校赢得了不少荣誉。

　　前不久，市少年足球训练营的人来学校挖掘人才，他们一眼就看中了浩浩的潜力。就这样，浩浩很顺利地进入了市少年足球队，成为他们重点培养的好苗子。在系统性的训练下，浩浩的运动天赋被充分挖掘了出来，进步一天比一天快。

　　如今，浩浩的目标就是将来能进入国家队，成为一名为国争光的明星球员。

坚持运动，心中就充满阳光。

  "生命在于运动"，其实运动对我们每个人都意义重大，特别是小朋友。这是因为，运动能让我们拥有健康的体魄去面对学习和生活。像跑步、打球这样的运动可以增强心肺功能，提高身体免疫力。同时，运动还能培养我们坚韧不拔的意志，尽管在竞技中会遇到各种困难和挫折，但正是在这些挑战中，我们的意志力得到了锤炼，使我们更能从容应对生活中的各种考验。此外，运动还为我们提供了丰富的社交机会。在运动团队中，我们能够结识志趣相投的伙伴，学习团队合作的沟通技巧，从而提升人际交往能力。这些宝贵的经历不仅为我们的成长增添了色彩，也为我们未来的发展奠定了坚实的基础。

运动才能

　　运动才能是多方面能力的体现，包括协调性、敏捷性、耐力、力量等身体素质方面的优势。拥有运动才能的人往往在各方面都更容易脱颖而出，他们往往能展现出惊人的领悟力。

成长问答　　　　如何让自己爱上运动

　　❶ 选择感兴趣的运动项目：不管是什么运动项目，兴趣一定是坚持下去的最强动力。所以，选择一个自己喜欢的运动项目是不可缺少的步骤。

　　❷ 和伙伴一起运动：和小伙伴一起运动可以增加乐趣。和小伙伴们一起进行户外运动，或者加入社区、学校的运动团队，都是不错的选择。

　　❸ 设定小目标并适时奖励：可以为自己设定一些小目标，如每天坚持跑步10分钟、学会一个新的运动技巧等。当完成目标后，给自己一个小奖励，这样可以让运动更有动力和成就感。

太棒了，你又突破纪录了！

给你的建议

在专业教练的培训下或正规的训练课程中，系统的训练可以更好地塑造运动才能。通过科学的训练，你们的运动潜能会得到充分挖掘，从而更快地提高运动技能。同时，协调性、力量和耐力等素质也会得到提升。

1

2

积极参加各类体育比赛，在竞技中检验自己的水平，发现不足之处。比赛的压力能激发潜能，让人更快速地成长。

3

始终保持对运动的热爱是很重要的，把运动当成一种乐趣而不是负担才能长久坚持下去。专注于自己的运动项目，不断钻研技术和战术，提高自己在该领域的专业水平，成功就只是时间问题了。

情景小·剧场 ★

种下一颗科学兴趣的种子

真是太神奇了!

　　阿达虽然是名小学生，但他对科学情有独钟。阿达之所以爱上科学，是源于一次有趣的实验，那次实验让他瞬间着迷，从此开启了他的科学探索之路。阿达开始自己动手实践，他观察蚂蚁的行动轨迹，思考它们是如何交流的，还用简单的材料制作各种小发明，虽然失败了很多次，但他从不气馁。有一天，阿达在书中看到了关于宇宙的知识，他对浩瀚的星空充满向往。阿达立志要成为一名伟大的科学家，去探索更多未知的奥秘。此时此刻，他正在为自己的目标而努力。

　　科学是人类进步的原动力，学习科学能培养我们拥有敏锐的观察力，在探索自然现象、进行实验时，通过对细节的观察，如观察植物生长、发现动物行为等，可以提升对周围世界的感知。同时，学习科学也能锻炼思维能力，面对问题提出假设、设计实验验证等，都可以培养逻辑思维能力和创新思维能力。通过对科学知识的学习，我们不断挑战自我，激发好奇心，这些都能为成长注入源源不断的活力。在科学学习中，能够不断拓宽我们的视野，助力其他学科学习，让我们用真正的科学思维去解决问题，更好地面对和处理未来的挑战和出现的问题。

科学思维

科学思维是一种理性的思考方式。它以客观事实为依据，运用逻辑推理、综合分析等方法去认识世界、解决问题。科学思维十分严谨，它包括提出问题、假设、验证等过程。

怎么才能拥有科学思维

❶ 保持好奇心：对事物不断提出问题，激发思考。思考过程就是科学思维不断加强的必然过程。

❷ 注重观察：仔细观察周围的事物和现象，留意细节。真正的科学家都善于观察，哪怕是生活中随处可见的现象，也可能隐藏着惊人的科学线索。

❸ 多实践：通过实验、实践来验证自己的想法和假设。"实践出真知"这句话说的就是这个意思。

❹ 积累科学知识：阅读科学书籍、参加科普活动，积累丰富的科学知识，为科学思维提供理论基础。

❶ 爱上科学最简单的方式就是从小接触科学。多看关于各类科学的图书、视频、电视节目等，这有助于引发你对科学的向往。兴趣是最好的老师，培养兴趣爱好从多接触开始。

❷ 经常开展户外活动，这不仅能愉悦身心，还能激发你对于自然界的好奇心。像动物、植物等，这些都是我们可以探索的对象，很多科学发明的灵感也都来源于它们。

❸ 想成为一名合格的科学家，学习方法、知识积累、科学精神、科学思维一个也不能少。虽然成为科学家并不容易，它是一个不断积累和实践的过程，但只要有信念，就没有办不到的事情。

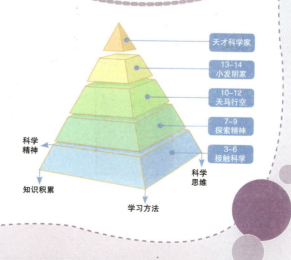

天才科学家

13-14 小发明家

10-12 天马行空

7-9 探索精神

3-6 接触科学

科学精神

知识积累

学习方法

科学思维

平时勤练笔，挖掘写作兴趣

　　通通是个十分健谈的孩子，平时喜欢交头接耳，总有说不完的话。一次，老师推荐他去参加作文比赛，原本大家觉得这对通通来说是一件轻而易举的事，哪知道通通显得特别焦虑，整日愁眉苦脸的。就这样，一直熬到了比赛那天，通通发挥得一点都不好，连个名次也没有拿到。原来，通通最害怕的就是写作，他平时只是喜欢说话而已，从来不去积累写作素材，也很排斥写作。这次经历意外地点燃了通通写作的欲望，他说下次一定要拿一个满意的名次，你们觉得他会不会坚持下去呢？

你那么爱表达，不如去参加作文比赛吧！

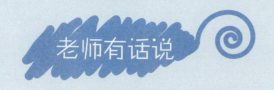

　　有些同学和通通一样，平时话挺多，一旦需要写作就犯怵，能逃避就尽量逃避，直到实在逃避不了的时候，就东一句西一句地拼凑，甚至为了凑够字数故意写一些自己也看不下去的废话。写出来的作文平淡得就像流水账一样。

　　还有一些同学热衷于背范文，在自己写作文的时候再模仿范文进行写作，这种方式常常会导致很多同学写的作文千篇一律，缺乏自己主观的思考。

　　其实造成这种问题的根本原因就是平时写得太少了，如果平时经常练习写作，等真正需要的时候就不会觉得很难了。

写作练习

写作练习是一种系统性的自我提升训练，通过不断的实践和反思，旨在提高个人的文字组织能力、语言表达能力和创作思维。这种训练有助于写作者更熟练地掌握写作技巧，增强叙事、描述和论述的能力，从而在各种写作场合都能够自信地表达思想和情感。

成长问答

写作文都有哪些注意事项

不要过度追求完美：对于作文来说，完美很难实现，而完整却至关重要。常常会有一些同学说，作文时间不够，还没来得及结尾，卷子就被收走了。

先完成，后润色：宁可作文写得不够好，也不要写不完。如果时间来不及，一定要及时结尾，结尾可以短一点，也不要无尾，写完之后若有时间再进行加工润色。

练习要难度适中：平时的小练笔要选取合适的难度，如选择仿写的句子切忌太难，如果句子的结构过于复杂或者意思过于深奥难懂，那我们的仿写就会流于形式。

长期坚持：写作也是一件需要长期坚持的事情，需要不断地磨炼。

"湖面像一面碧绿的镜子'，这句不错，记下来。"

给你的建议

1

对于小学生来说，自己主动坚持每天进行练笔可能会有些困难。如果和同学们一起在群内进行写作打卡，在大家的共同监督和鼓励下，这件事就会更容易坚持下去。

每周写作打卡表	打卡人_____	
星期	打卡项目	完成项目
星期一	1.看图写话　2.句子仿写　3.主题词"阳光"	
星期二	1.故事分析　2.句子扩写　3.主题词"痛苦"	
星期三	1.看图写话　2.句子仿写　3.主题词"天空"	
星期四	1.故事分析　2.句子扩写　3.主题词"幸福"	
星期五	1.看图写话　2.句子仿写　3.主题词"温柔"	
星期六	1.故事分析　2.句子仿写　3.主题词"亲情"	
星期日	1.读书心得　2.句子扩写　3.主题词"兴趣"	

2

无论是日常练习，还是完成一篇规范的作文，在写作时你都必须有鲜明的主题，开头、结尾、中间的内容都要围绕主题来写。

3

平时要善于利用各种途径去积累写作素材，如看绘本、报纸、文学杂志、有教育意义的动画片或纪录片等。此外，坚持背诵古诗古文、名言佳句，或小幽默及小典故等也很重要。这些都可以让你的作文锦上添花。

第六章

走出误区，
这些行为
要纠正

无效计划不如不计划

　　周周最近一直很苦恼，他的学习遇到了瓶颈，成绩始终无法继续得到提高。在老师的建议下，他制订了一个短期计划，并满怀信心地严格按照计划执行。然而，当考试成绩下来后，他却傻了眼——成绩不但没有提高，还反而倒退了。这种结果让周周感到不可思议，自己明明有了学习计划，而且严格地按照计划执行，怎么会这样呢？后来，班里的学霸沫沫为他揭开了谜底，原来不是有计划就行了，关键在于计划是否有效。周周之前执行的正是一份"无效计划"。在沫沫的帮助下，周周重新调整了学习计划，专注于实际效果。果然，学习成绩立马就有了进步的迹象，他感到非常开心。

怎么可能，我明明在按照计划学习，怎么还退步了呢？

　　"凡事预则立，不预则废。"学习没有目标、没有计划，就会像漫步在街头不知走向何处的流浪者，不仅迷失了方向，还浪费了宝贵的学习时光。

　　对于同学们来说，制订学习计划十分重要。一个合理的计划，不仅能帮助同学们掌握学习的主动权，还能帮助他们逐步实现自己的学习目标。但是，如果学习计划不科学、不可行，不但无法提升成绩，还有可能适得其反！学习不能凭借随意性来支配自己的行为，这会导致学习效果大打折扣，而是需要依靠理性，即依靠科学的计划来支配自己的学习行为，这样才能起到约束、警醒自己的作用。

你的计划是无效计划，当然会适得其反了。

无效计划

科学合理的学习计划可以起到事半功倍的效果，但有些同学虽然制订了学习计划，成绩仍然没有提高，这很可能是因为计划制订得不科学、不合理，属于无效计划。

有效计划应该是怎样的

有明确目标：明确自己每天学习哪些知识点，做几道题，练习哪几篇听力，而不是泛泛而谈。

有效匹配精力：并不是学习时长越多，掌握的知识就越多，要在自己精力最好的时间段学习最重要的内容，提高学习效率。

时间安排科学合理：制订学习计划时既要安排充足的学习时间，也要留出休息和娱乐的时间；既要考虑课内学习，又要考虑课外学习，还要考虑不同学科的时间分配。

定期回顾，调整计划：每天晚上或每周对自己的计划进行回顾和总结，发现不足，及时调整。

无效计划也会耗损精力，这样的状态怎么能好好学习呢？

102

给你的建议

1 虽然每天用来学习的时间是有限的，但学习内容是无限的，所以制订学习计划时要突出重点，在重点学科和弱势学科上多花些时间。

学习计划表

时间段	具体时间	学习任务
早晨起床后	6：30~7：00	背20个英语单词
下午放学后	17：00~17：30	完成作业
	17：30~17：50	休息
	17：50~18：20	完成作业
	18：20~19：00	吃晚饭、休息
晚上睡觉前	19：00~19：30	做10道计算题、5道应用题
	19：30~19：50	休息、自由活动
	19：50~20：20	复习当天学习内容，预习第二天要学习的内容
	20：00~20：40	休息、自由活动
	20：40—21：10	阅读语文15分钟、英语15分钟
	21：10后	洗漱、睡觉

2 可以把除正常上课外的时间分为早晨起床后、下午放学后和晚上睡觉前三个完整的时间段，以半小时或一小时为一个时间段，一个时间段内只完成一项学习任务，两个时间段中间可以加入休息时间，劳逸结合才更容易坚持下去。

3 不要将学习计划设置得太死板，要尽量灵活变通一些，每天晚上或每周末总结时，如果发现某些地方不合理，就要及时调整，这样才能高效地完成学习计划。

过度追求完美扼杀效率

　　倩倩一直是个对自己要求极高的人，她十分热爱艺术，尤其喜欢雕塑。一次美术课上，她拿起一块黏土准备雕刻一座雕像。一开始，她精心雕琢，雕像像模像样，看起来十分精美。可倩倩总觉得不够完美，不断地修改。她一会儿觉得这里不够平滑，一会儿又觉得那里比例不对。渐渐地，雕像在她的过度"完善"下变得越来越糟糕。最后，倩倩看着面目全非的雕像，懊恼不已，而此时，其他同学的作品都已经快完成了。她这才明白，过度追求完美有时反而会适得其反。无奈之下，她只好接受现实，重新开始创作。

我要弄出一座最完美的作品，你们拭目以待吧！

在很多人眼中，追求完美是一种难得的品质，那么，事实真的如此吗？其实，追求完美没有错，这是激励自己不断进步的动力之一。但是，并不是所有对完美的追求都是必要的，过度追求完美反而会带来负面影响。有些同学会因为太追求完美导致学习效率低下，最后不仅未能达到理想状态，甚至连基本任务都无法完成。由于主观因素和客观因素的限制，完美的结果通常很难实现。但是，无论是学习还是做其他事情，我们都需要注重实际的推进，循序渐进。我们不能因为过度追求完美而耽搁下一件事情的进行，影响事情的整体进度。

过度追求完美

过度追求完美就是对事情要求特别高，高到不切实际。一直追求最好，结果因为太执着反而让自己陷入麻烦，其实适度和平衡才更好。

过度追求完美都有哪些坏处

❶ 影响整体进程：一些追求完美的同学，往往对细节太过关注，结果在一些细微的地方下了太多功夫，以致影响了事情的整体进程。

❷ 遇到问题就想放弃：对问题太过关注，不能容忍任何一个小问题的存在，可是，这在现实生活中几乎是不可能的。一旦遇到问题，一些同学就接受不了，于是便想放弃。与发生的问题相比，养成轻易放弃的习惯，其实是更大的问题。

我再也不想做雕塑了！呜呜……

1 理性地接纳瑕疵，不把问题"灾难化"。凡事都有多面性，一次错不代表全部错，一个问题带来的不见得全是坏处。很多时候，所谓的问题也不见得就只能带来不利的后果。

2 无论是生活还是学习，同学们都要学会把握重点，根据事情的轻重缓急去决定需要投入的时间和精力，不能眉毛胡子一把抓。关键时刻，我们要适当放弃。

3

做一件事，无论成功与否，都要学会通过过程去看到自己的努力，努力的过程比成功的结果更值得关注，因为努力就是一种收获。

做事浅尝辄止是失败的根源

　　佳佳和小颖是一对好朋友，但是她们的性格截然不同。佳佳做事情总是轻易放弃，遇到一点困难就打退堂鼓。一次，老师布置了一个手工任务，佳佳刚开始做就觉得太难，马上就放弃了。而小颖则认真地准备材料，耐心地一步一步制作。当佳佳在一旁玩耍时，小颖还在专注地完善她的作品。最终，小颖交出了一件精美的作品，受到老师的表扬。佳佳看到后很羞愧，小颖鼓励她要学会坚持，不能轻易放弃。从那以后，佳佳下定决心，向小颖学习，开始努力改变自己，培养坚持不懈的品质。

学习的道路上充满了太多的艰辛和坎坷，坚持下去确实很难，放弃却很容易。如果选择放弃，我们将一事无成；如果选择坚持到底，那么再大的困难，也终究会有被克服的一天，成功就藏在一次又一次的坚持之下。如果你也是一个非常容易放弃的孩子，那就要反思自己是不是陷入了学习惰性，你就需要改变自己的学习态度和习惯了。有时候，即便是完成了作业，也不一定叫勤奋，真正的勤奋是持之以恒的努力，是遇到挫折不会放弃的坚持。从现在开始，做一个勤奋努力的人；从现在开始，持之以恒，不轻言放弃，成为更好的自己。

我要向你学习。

学习惰性

学习惰性是指在我们学习的过程中，有些同学会受主观因素影响而无法按照既定目标行动的心理状态。它表现为不愿意主动学习、拖延、逃避困难、做事浅尝辄止等行为。

> 等一下嘛，我想休息一会儿……

> 怎么还不做功课？

学习惰性有哪些表现

❶ 做事太随性：意识决定行动，行动产生结果。如果做什么事都要看心情，很随性，那么行动中就很容易放弃，自然也不会出现我们想要的结果。

❷ 做事浅尝辄止：学得比别人慢不可怕，成绩暂时比较差也不可怕，怕的是一遇到问题就自我设限、轻易放弃。做事浅尝辄止是最要不得的毛病，需要及时更正。

❸ 意志不坚定：学习道路上必然充满挫折与阻碍。如果意志不够坚定，那就很容易被惰性左右。要想成功，就必须努力克服惰性，否则我们将一事无成。

从今天起，你就是我的榜样了！

那我就得更加努力了，哈哈。

❶ 可以在家中的墙上、书桌上或自己的日记本上贴上励志性的话语，或者把自己的学习目标一一列出来，然后坚定地去实现，再或者给自己设立一个学习榜样，可以是自己班上的某位学霸，也可以是自己的同桌或好朋友。这些做法都可以很好地为自己加油打气。

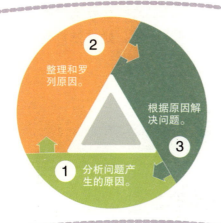

❷ 失败后别忙着沮丧，先认真分析失败的原因，弄清楚是哪些因素导致了失败，然后根据具体原因采取相应的措施去解决问题。

今天是我们的休息日，那就好好放松一下吧！

❸ 虽然学习很重要，但也没必要给自己太大压力，身心健康更加重要。与其逼着自己效率低下地学习，还不如适当放松一下，让自己的身体、情绪和头脑都从过度紧张的状态中缓解过来。

思维消极比行动懒惰更可怕

一年一度的学校"诗词大会"下周五就要开始了，班长通知大家报名。小米平时很喜欢诗歌，经常捧着一本诗词集细细品读。可当她听到这个消息时，却犹豫不决："今年的活动是不是比每年开始得早呀？我记忆力不好，还有很多诗词没背熟，我还是等下次再参加吧。"

班长鼓励她说："下次就是一年后了。而且这次的奖品很丰厚呢，有你一直想要的精装版诗词全集。"

小米还是有些不自信。她想起上次参赛的情景，当时因为紧张，她表现得很不好。于是，她怯怯地对班长说："我还是再考虑一下吧。"

　　"我不行""这件事肯定没办法完成""我学什么都比别人慢""别人的记忆力就是比我好"……这些话是不是听上去很耳熟？你以为这些是使人进步的"谦虚"，不，这是消极的自我设限，是学习不努力的借口。这种思维的局限性和消极性带来的后果非常可怕，会让我们始终处于一种消极的自我暗示当中，会让我们很容易就找到借口去放弃努力。

　　与行动的延迟或懒惰相比，思维上的消极才是学习道路上的最大敌人。因为行动的懒惰根源上还是思维的懒惰，许多不良习惯的养成和学习动力的不足，背后也是消极的思维在起作用。

思维懒惰

思维懒惰是指在思考问题、处理事务或面对挑战时，不愿意积极主动地运用大脑进行深入、全面的思考和分析，会出现逃避思考、依赖现成答案、缺乏好奇心等情况。

长风破浪会有时，直挂云帆济沧海。

如何避免思维懒惰并提升行动力

设定具体目标：目标越具体，越容易行动。不要只是设定"我要学习"这样模糊的目标，而是将其明确为"我要在一个月内读完一本专业书籍，并做详细的笔记"诸如此类的具体目标。

多提问多思考：在学习和生活中，多问自己几个"为什么"，对遇到的问题进行深入思考，尝试寻找答案。这种主动提问的习惯能促使大脑积极运转，克服思维懒惰。

转变态度和习惯：遇到挫折时，不要轻易放弃，而是要分析原因，寻找解决办法，迫使自己努力坚持下去。长此以往，行动的积极性必将增强。

给你的建议

1

想到就要做到。找各种借口去拖延，如吃完饭或喝完水再去学，这样只会让你的思维惰性越来越强，行动力越来越差。也不要反复定目标、做计划却一直不行动，这样只会让你的目标或计划形同虚设。记住，想到了就要马上行动起来，别犹豫。

2

不懂就立即想办法把知识弄懂、弄通、弄透。方法有很多，如认真看书、看笔记，向老师或者同学请教等，通过这些方式和努力，你就能真正学到知识。

3

别给自我设限，努力相当重要。在实际生活中，学习成绩好的同学不一定就聪明，学习成绩不好的同学不一定就愚笨。努力的程度和方法的正确与否往往是影响成绩的主要因素，所以，请放弃消极的自我设限，别瞻前顾后，从现在开始，努力向上吧。

情景小·剧场 ★

急于求成，往往一事无成

学校组织知识竞赛，璐璐觉得这是个出风头的好机会。她一报名参加比赛，就马上开始准备，拿起书来囫囵吞枣地看，想着快速记住所有知识点。可没一会儿，她就觉得不耐烦了，觉得这样进展太慢。

于是，她又想走捷径，去网上找所谓的"竞赛秘籍"。找了半天也没找到有用的，还浪费了很多时间。临近竞赛，璐璐越发着急，可知识点却没记住多少。

到了竞赛那天，璐璐看着题目，脑子里一片混乱。结果可想而知，她的成绩很不理想。

璐璐非常沮丧。老师看到后，对她说：璐璐，学习就像一场马拉松，不是短跑冲刺，不能急于求成。在短时间内想要快点提高成绩，这种学习方式并不可取。璐璐听了，羞愧地低下了头，暗下决心，改变自己的态度。

学习就像盖房子，如果为了赶工期，不打好地基，房子盖得再快也不牢固。

116

老师有话说

急于求成，往往会一事无成。这种说法并非耸人听闻。急于求成者，既不想付出足够的努力，又想取得巨大的成就，这种想法本身就是矛盾的、不切实际的。持有这种想法的同学，往往在构想未来和设计目标时好高骛远，当遇到挫折和阻碍时，却又一蹶不振，而这些都是学习的大忌。

所以，在学习的道路上，我们一定要保持一种长远的、客观的、理性的态度，并在此基础之上踏实努力、持续精进。

急于求成

在学习中，急于求成往往表现为过于急切地想要看到成果，缺乏耐心和坚持，所以不能扎实地掌握知识和技能，这样反而容易导致学习效果不佳。

如何在学习中做到脚踏实地

成长问答

习惯、方法和努力：良好的习惯＋科学的方法＋持续的努力，只有真正掌握这些，才能找到实现成功的途径，除此之外，没有任何捷径可以走。因为，知识是一点一点积累的，它属于那些脚踏实地，一步一个脚印的人。

活到老，学到老：学习是终生的事情。先从当下着手，走好当前的每一步，做好每一件事，过好每一天。只要你一直坚持下去，努力就会给你带来最好的回报。

语文
① 每天早晨坚持大声朗读
② 两天背诵一首古诗
③ 每天阅读40分钟
④ 每天坚持练字半张
⑤ 每天坚持一篇课外阅读

数学
① 每天5道相应应用题
② 每天睡前预习新内容
③ 每天10分钟口算习题
④ 每天练习两道易错题

英语
① 每天背10个单词
② 读15分钟英语（尝试复述）
③ 每天背＋默写三个万能句式

给你的建议

1 学习本身是一项长期的事业，需要一直付出努力和坚持。所以，要把眼光放长远些，并做好忍耐辛苦和对抗挫折的准备。

2 一方面要有目标、有计划地学习新知识，另一方面也要定期复习旧知识。比如，经常复盘和总结，或者通过做题去查漏补缺等。

3 如果你发现自己总是因为一两次的考试成绩而焦虑，那你不妨尝试调整自己的学习方式。例如，可以制作一个学习目标表，将学习任务细化，明确短期和长期目标。

原有的学习目标	修改后的学习目标
期末考试数学成绩达到优秀	每单元的基础知识全部掌握，包括定理、公式、例题等都弄懂；考点单一的题都会做，思路复杂的题至少做对一步
期末考试语文成绩达到全班前5名	学过字的字音、字形、字义全部掌握，课本中出现的词做到不出错，课外拓展的词每天掌握5个；每天保证练习3篇课外阅读，至少有1篇做到精读细读；每天的写作练习要做到主题明确、书写工整、材料丰富；考试时做到和平时练习一样细心专注
期末考试英语成绩达到优秀	除了弄懂课堂内容外，课外的听、说、读、写练习也要每天坚持各20分钟
期末考试体育成绩达到良好及以上	每天坚持慢跑、跳绳各15分钟，每周坚持爬一次山或游泳1.5小时

119